NIEMAND
ZIET HET HELDER

een simpele handleiding om je
gezond verstand weer te gebruiken

Auteur Mr. Nobody

*Ik heb dit verhaal geschreven uit
liefde voor mijn kinderen*

Als je na het lezen van dit boekje hardop kan zeggen,
"niemand houdt van mij"
en je krijgt een glimlach op je gezicht...
dan heb je het begrepen!

Niemand zet de eerste stap.

Het plezier in het leven zijn vaak de onverwachte
gebeurtenissen. Waarom niet een beetje helpen om het
wat vrolijker te maken?
Een beetje bewegen zonder echt iets te doen.

Wil jij op de hoogte gehouden worden van nieuwe
ontwikkelingen, lokale social-media events, of wil je als
eerste horen wanneer het volgende boek uitkomt?
De titel van dat boek is veelbelovend:

Niemand is Soeverein,
met de ondertitel: Hoe start je een project?

Laat dan hier je naam en e-mailadres achter:
mrnobodyibiza@proton.me
of kijk op de website
www.nobodyisdivine.com

Inhoudsopgave

Uitleg lllustraties

#opzijnkop

#wistjedat

#niemandziethethelder

#omygod

Voorwoord

Beste lezer, oftewel hallo mooi mens,

Allereerst wil ik iets duidelijk maken, want ik heb
ook niet alle antwoorden. Wanneer ik in dit boek het
woord 'waarheid' gebruik, bedoel ik te zeggen: dit is
geen leugen. Als ik het woord 'waarheid' gebruik, leest
het makkelijker. Ik hoop dat je dat begrijpt. Nou, om
dan maar meteen met de deur in huis te vallen: wat ik
me soms afvraag als ik zo om me heen kijk, is *in wat
voor wereld leven we eigenlijk? En ook: is dit echt onze keuze
of is het zo bedoeld? En als het zo bedoeld is, door wie dan,
en waarom?'*
Allemaal vragen waar jij, beste lezer, antwoorden over
en inzichten in gaat krijgen na het lezen van mijn
boekje.

Maar voor ik mijn verhaal vertel, wil ik je graag
bedanken, omdat je zo dapper bent om dit educatieve
boekje te lezen. Besef wel, het kan je laten twijfel aan
je huidige overtuigingen en jou dus anders naar jezelf
laten kijken. Wel naar een betere versie van jezelf.
Tenminste, dat is mijn bedoeling.

Dit boekje is dus bedoeld om je bewuster te maken
als mens, en om zo iets beter te begrijpen wat er om
je heen gebeurt. Hoe jij je daarin staande kan houden,
of beter nog, ervan kan genieten. Het zou natuurlijk
fantastisch zijn als dit boekje een basis is voor echte
gesprekken met geliefden, vrienden of familie over
belangrijke maar vaak gevoelige onderwerpen.

Waarom? De meeste mensen in onze maatschappij
hebben geen benul waar ze echt aan meewerken.
Laat staan of en hoe ze hier eventueel van los kunnen
komen. Dus voor zowel de mensen die zich er wel
bewust van zijn als de mensen die zich er niet bewust

van zijn, maar ook voor mensen die aangesloten zijn
bij geheime genootschappen én voor hen die daar
geen weet van hebben, leek het mij een goed idee
om dit boekje te schrijven. Dat geeft iedereen gelijke
kansen en dat is wel zo eerlijk.

Hoe? Door verborgen gehouden geheimen aan het
licht te brengen. En door algemeen onbekende kennis
te delen. Dit lijkt mij een goed begin om de
onzichtbare kracht van datgeen wat ons controleert,
weg te nemen. Een beetje licht in de duisternis, zou je
kunnen zeggen.

In dit boek gebruik ik krachtige woorden, zoals
bijvoorbeeld mind control, satanisme, zwarte
magie en occult. Niet om je bang te maken, maar om
je bewust te maken dat ze bestaan en zo de wereld
waar we in leven beter uit te leggen. Dus reageer niet
te geschrokken, maar bekijk het met een open vizier
en laat het tot je komen als een mens die hier is om
zijn vrije wil te ervaren en om te leren met en van
elkaar.

Ik zal alles zo helder mogelijk uit leggen, in korte
hoofdstukken die er niet om liegen, aangevuld met
handige wetenswaardigheden en quotes.

Mijn hoofdpersoon in het boek heet 'Niemand'.

Niemand is iemand die jou herinnert aan simpele
dingen, die je wellicht bent vergeten, of die je een
ander perspectief geven op wat je al wist. Niemand
deelt wetenswaardigheden en legt daarmee
verbanden die lang onbekend en daardoor dus
onzichtbaar waren voor jou en mij.

Als deze woorden je inspireren, kan dit voor jou het begin zijn van het onthullen van het echte geheim, over jouw eigenlijke bestaan. Als je de verbanden ziet en de dynamiek begint te begrijpen, is dat het moment waarop jij de controle over je leven terug neemt. Als de rit een beetje wild wordt, blijf rustig doorlezen en onthoud:

..it's a beautiful love story

HOOFDSTUK EEN

Wanneer ben je Iemand?

Het rollenspel

Het spel van het leven, daarin wil iedereen wat
betekenen. Je wilt wat betekenen voor anderen of
misschien wel voor de hele wereld. Dat zijn goede
bedoelingen. Maar om wat te betekenen voor
anderen , *moet je iemand te zijn*. Die 'iemand', is
meestal niet wie jij echt bent, maar een rol die je
speelt. Een rol die voor jou een functie dient om
ergens te komen of om iets te bereiken. Een kunstje
dat je jezelf hebt aangeleerd, zou je kunnen zeggen.
Als je je rol goed speelt, gaat jouw rol wat betekenen
voor anderen en jou wat brengen. Zonder dat we het
soms zelf beseffen, spelen we vele rollen.

Waar de meeste mensen niet bij stilstaan, is dat je
rollen kan spelen die je financiële carrière goed doen,
maar je kan ook rollen spelen die je sociale carrière
verrijken. In het laatste geval hebben die rollen niet
met geld of werk te maken, maar met vriendschap en
familie, of zelfs met passie en liefde. Het probleem is
dat als je vele rollen speelt, het soms lastig kan zijn om
alles goed te doen. Stel jezelf een jongleur voor, die
net teveel ballen in de lucht probeert te houden. Dat
ziet er klungelig uit en gaat mis als hij het overzicht
kwijt raakt. Vele rollen spelen, is dus hard werken.
In dit geval om het imago wat jou bestaan voorstelt,
hoog te houden. Alles is een keuze.

Stel nou dat je al je rollen perfect speelt en heel
succesvol bent, en alles is gelukt. Dan zit je daar, met
al je geld en je bezittingen, waarschijnlijk heerlijk
in het zonnetje, ergens te genieten van een lekker
drankje en je welverdiende weelde. Als je dan nog
buiten je eigen comfort zone durft te kijken, zie je dat
jouw weelde geen echt plezier of geluk brengt, want
de wereld is in nood en de bevolking sterft van de
honger. Je merkt dan dat alles om je heen

gebaseerd is op geld en dus niet echt is. Dat wil zeggen; nepvrienden, nepvriendinnen en je durft bijna niemand echt te vertrouwen, omdat je bang bent dat ze stiekem achter je geld aan zitten. Dit is wat je zou kunnen noemen: de keerzijde van succes. Weelde brengt je alles maar geeft je niks. Oftewel, geld maakt je niet rijk of gelukkig. Wat dan wel? Het zijn de echte ervaringen die je rijk maken als mens.

Maar echte ervaringen zijn, in een succesvol bestaan waar velen van jou afhankelijk zijn of iets van je willen, moeilijk te vinden. Dit gaat vervelen en daarom willen sommigen toch verder in dit leven en besluiten om uit hun rol te stappen en proberen zo deze persoonlijkheid achter zich te laten om een nieuwe start te maken. De meesten gooien het roer om en beginnen weer met een andere rol.

Zelf kwam ik in deze situatie terecht toen ik, terwijl ik worstelde met een identiteitscrisis, mijn vertrouwen en dus letterlijk mijn verstand verloor. Vanaf dat moment ben ik maar eens helemaal opnieuw begonnen, als een 'Niemand'. Iemand die zijn identiteit los heeft gelaten en het leven weer opnieuw ervaart en bekijkt.

Niemand is voor mij 'iemand' die weer beseft dat tijd zijn beste vriend is en dus stopt met tijd te spenderen aan dingen die niks zinvols brengen. Die kort gezegd niet meer mee doet met het in stand houden van de illusie, de drama's, de zogenaamde feestdagen en ander, als je het logisch bekijkt, onzinnig tijdverdrijf, allemaal bedoeld om onze aandacht af te leiden van dat waar het echt om gaat in het leven.

 Niemand is iemand die zich niet langer identificeert met de regels en wetten van deze onzichtbare gevangenis maar de wereld accepteert zoals die op dit moment, dus nu, is. Om vervolgens te leren vanuit liefde voor zichzelf te kiezen en daarnaar te handelen, en zo zijn leven te leven. Zonder anderen daarmee bewust te kwetsen of te veroordelen, maar juist door te leren, voelen wat goed voelt, en daar dan naar te handelen.

Als referentiekader vergelijk ik ons goddelijke bestaan hier als mens op aarde, in tegenstelling tot de wereld vol chaos, waarin onze rollen dagelijks moeten presteren. Ik ga er ook vanuit dat we allemaal een onderdeel zijn van een creatiekracht, een bewustzijn. Persoonlijk hebben we allemaal een brein. Een brein dat bestaat uit twee helften. Simpel gezegd een creatieve helft die ideeën kan bedenken en een logische helft, die het idee uit kan leggen of uit kan voeren. Deze, soms abstracte, ideeën noemen we concepten.

Als voorbeeld kan ik zeggen dat het woord 'mens' ook slechts een concept is. Om het hier overzichtelijk te houden, ga ik daar echter niet verder op in.

Wij als mensen gebruiken concepten om iets uit te leggen. De meeste concepten zijn bedacht om geld mee te verdienen, maar er zijn ook concepten die een verhaal vertellen en ons laten herinneren wie we zijn of waarvoor we hier zijn. Maar wat we uitleggen, is dus niet echt waar, aangezien het concept zelf ook maar een idee is. En dat hoeft dus niet altijd de waarheid te zijn. Misschien is het allemaal nog wat abstract, maar als je het tot hier gehaald hebt, neem ik je nog even mee. Want wat ik schrijf, opent wel onze gedachten voor verder onderzoek naar onszelf. Als het resoneert met jou, zou je dingen die je interesseren zelf verder kunnen onderzoeken.

De concepten die ons een verhaal vertellen, brengen ons soms naar ons gevoel, en dat is lastig te omschrijven. Zo is er een concept of idee, dat uitlegt dat onze ziel bewust voor deze ervaring hier op aarde gekozen heeft, zelfs zover dat de familiekeuze ook vooraf bepaald is door onze ziel. En dat wij, de mensen die een ziel in hun lichaam ervaren, hier dus met een reden zijn.

Als je bijvoorbeeld dit concept gebruikt, als een idee om even anders naar je leven te kijken, dan kan het je perceptie op je leven veranderen. Het is niet beter of slechter, maar geeft je een ander inzicht over dezelfde situatie, die je daarna wellicht bespreekbaar kan maken om zo achter jouw antwoorden of waarheid te komen, of om iets op te lossen. Omdat de waarheid niet bestaat uit concepten, maar daar juist aan voorbij gaat, is het lastig uit te leggen. Ik doe gewoon mijn best, lieve mensen.

Alle antwoorden zitten in jezelf. Als dat waar is, weet eenieder zijn eigen waarheid. Of je je bewust hiervan bent en wat je er eventueel mee doet, is aan jezelf. Het gaat te diep om nu uit te leggen hoe je naar je eigen waarheid leert te luisteren, maar meditatie is een voorbeeld van hoe dat te doen. Het hoeft echter niet altijd heel spiritueel te zijn hoor. Je kan het ook ervaren tijdens iets onbenulligs, zoals de afwas. Terwijl je rustig bezig bent met de afwas, kan het gebeuren dat je gedachten afgeleid zijn en dat je hierdoor een verbinding met jezelf maakt, en vaak nog onbewust ontvang je, dus zonder dat je het echt door hebt, antwoorden die 'in jezelf zitten'.

Dat ging snel, dus weer even terug. Voordat we inzien dat alle antwoorden in onszelf zitten en daar naar leren luisteren, zijn we vroeg of laat toch allemaal op zoek naar een hogere waarheid. Iets dat wat we tot dan toe geloven bevestigt of juist helpt ontkrachten. Dit hebben we nodig zodat we voor ons gevoel weer verder kunnen.

De vragen die we hebben, brengen ervaringen waar we antwoorden uit kunnen halen. Als je er zo naar kijkt, kan je deze ervaringen als lessen zien. Door die lessen worden je overtuigingen in twijfel gebracht en wordt je vertrouwen getest. Dan begint bewust of onbewust je zoektocht naar de waarheid. Je kan zeggen dat het er waarschijnlijk de tijd voor is. Maar het kan je ook overkomen door nieuwsgierigheid, nieuwe vrienden, een verre reis of hobby's. Ziektes zoals bijvoorbeeld een burn-out zijn ook een reden om naar jezelf te gaan kijken en uit te zoeken waar je echte geluk ligt of wat je echt wil in dit leven.

Dit proces noemen we 'bewust worden'; het begrijpen wat jou weg houdt van je geluk, dat oplossen, en daardoor steeds dichter bij jezelf komen. Als je er steeds meer bewust van wordt wie je echt bent, dan ga je ook ontdekken wat je passies en talenten zijn. Je gaat je bewust worden van het feit dat materiële zaken of invloeden van buitenaf niet zorgen voor jouw geluk, alhoewel het er in deze wereld soms wel een beetje aan bij kan dragen. We moeten hier toch leven met zijn allen en alles kost 'nou eenmaal' geld. De laatste zin, 'alles kost nou eenmaal geld', is een mooi voorbeeld van aangeleerde concepten die we collectief zijn gaan geloven en onbewust of bewust volgen. Daardoor kost alles nou eenmaal geld. Ja, het zit goed in elkaar, lieve mensen. Maar gelukkig, Niemand heeft het door.

#opzijnkop

HOOFDSTUK TWEE

Van Iemand naar Niemand

Waar kom ik vandaan?

Voor we verder gaan, laat me je vertellen hoe het zo
gekomen is dat ik, van iemand, niemand werd en wat
ik daarvoor heb moeten doen en moeten laten. Wat
ik alvast kan verklappen, is dat het heel verfrissend is
om een tijdje als een 'niemand' te leven. Lekker vrij
zonder afspraken en verplichtingen, doen wat jij wil,
het leven ervaren vanuit vrije wil, of zoals sommigen
zeggen: vanuit je vrije keuze. Dan moet je niks meer,
maar mag je alles. Zo is het toch begonnen?

Onschuldig, wat wisten wij nou.

Net na de geboorte, op het moment dat we onze ogen
openen, zien wij het levenslicht. We zijn dan een
klein mensje, perfect zoals we zijn en we bestaan uit
onvoorwaardelijke liefde. Een groot wonder! En dan
begint onze reis en vergeten we dit wonder van het
bestaan. Want dat is wat we echt zijn, een wonder in
dit bestaan.

Waarom worden we hier geboren?

We zijn hier om samen met onze medemens voor deze aarde en haar bewoners te zorgen. Voor iedereen zou er land en onderdak, genoeg eten, drinken, gratis onderwijs en vrije informatie zijn. Een prachtige plek waar we kunnen leren van elkaar door relaties aan te gaan en samen te werken of zelfs samen liefde mogen ervaren. Dit allemaal vanuit vrije wil. Gezien vanuit een hoger perspectief is dit leven ook bedoeld om problemen op te lossen, ruzies goed te maken, en zo uiteindelijk onszelf en de ander te vergeven. Maar als het zo bedoeld is, waar gaat het dan mis? Want de meeste mensen moeten toch echt betalen voor alles en iedereen. Als ik terugkijk op mijn leven en ik zou mijn proces omschrijven, dan zag het er voor mij zo uit:

Geboorte

Je wordt geboren, welkom in deze wereld!

Hoe de bevruchting tot stand kwam, de relatie van en met je ouders, en de situatie waar je in opgroeit, is voor iedereen anders. Onze ouders, die ook geen idee hebben hoe ze een kind op moeten voeden en van hun ouders meestal ook geen perfect voorbeeld hebben gekregen, proberen er het beste van te maken. Ze doen hun best en volgen de regels die hun zijn opgelegd, zoals bijvoorbeeld de leerplicht. Zolang je meedoet, kom je er niet achter hoe het echt zit. Maar zo begint iedereen; onschuldig, onwetend en goedgelovig.

#opzijnkop

Jeugd, onze opvoeding.

We mogen naar school. We krijgen vrienden en vriendinnen, kiezen hobby's of een sport en krijgen, als we onze serieuze taken vervult hebben, vrije tijd om te spelen. We ontwikkelen een muzikale voorkeur en leren partij kiezen, want alles op school gaat om winnen of de beste zijn. Je kan zeggen dat we zo als mens gevormd worden, maar in werkelijkheid worden we iemand die steeds verder buiten zichzelf komt te staan.

Voor ons als kinderen is alles speels, we geloven dat
we voorbereid worden op het 'echte' leven en alles
lijkt nieuw. Maar dat nieuwe leven is al lang klaar is
en wacht rustig op ons. Wat we dan nog niet weten, is
dat dit 'echte leven'' het spanningsveld tussen geld en
macht is waarin wij leven of, door de grote financiële
en daardoor emotionele ongelijkheid, vaak moeten
overleven.

De overheid leert ons ondertussen dat we dit juist zelf
veroorzaken, maar dat is een leugen. Het is maar een
kleine minderheid die ons mensen, wat ik de stille
meerderheid noem, onder controle houdt.

Wat wel klopt is dat, doordat wij denken geen andere keuzes te hebben en eraan meedoen, de agenda
ongestoord doorgaat. Maar goed, hoe je het ook ziet,
dit systeem brengt ons steeds een stapje verder weg
van ons eigenlijke mens zijn.

Het huidige verhaal klopt dus al lang niet meer met
ons oorspronkelijke concept over waarom we hier zijn
met zijn allen.

Van jongs af aan wordt er bepaald wat ons op school
geleerd wordt, door de gezaghebbers die financiële
belangen achter de schermen beheren.

We moeten dus verplicht naar school zonder te weten dat al onze schoolboeken zorgvuldig bedacht zijn om ons klaar te maken voor het systeem waar we deel van uit gaan maken. Dan heb ik het over 'onze' huidige maatschappij, die volledig op afspraken is gebaseerd, en waar tijd geld is. Waar wij dan afspraken maken, vastgelegd in contracten, in ruil voor onze tijd.

Iemand is gevangen wanneer hij zijn vrijheid kwijt is. Dat is helder. Wij zijn niet letterlijk gevangen, maar door alle afspraken zijn we wel zo beperkt dat we niet meer mogen kiezen wat we echt met onze tijd willen doen. Of beter gezegd, wat we met onze tijd zouden kunnen doen, want om uit te vinden wat je echt wil, is natuurlijk ook geen tijd voor in deze maatschappij.

Tel daar nog bij op de altijd aanwezige angst om alles kwijt te raken. Die krijg je er gratis bij als je wat bezit. Veel mensen hebben door deze angst, die het spanningsveld tussen geld en macht samenhoudt, gecombineerd met de geconditioneerde programmering van jongs af aan, vaak geen idee over het leven. Ze kunnen alleen binnen hun eigen wereld opereren met hetgeen waar ze voor geleerd hebben, of wat hen is aangeleerd.

En dan is er ook nog het sociale contract. Een soort ongeschreven afspraak waaraan de meeste mensen zich houden. En die ongeschreven afspraak is dat wij compleet vertrouwen in de overheid hebben en dat de overheid zorgt dat alles goed komt.

We zijn eigenlijk allemaal slachtoffers van slachtoffers tot we dat door hebben. Iedereen volgt iets of doet maar wat. Maar goed, hoe je er ook komt, iedereen vindt uiteindelijk een manier om in zijn

levensbehoefte of -onderhoud te voorzien of om zelfs
geld te gaan 'verdienen'.

#opzijnkop

Deze tijdsbesteding noemen we werken. In ruil voor jouw eigen tijd krijg je geld en over dit geld moet je dan weer geld afgeven aan de overheid, die dit systeem door ons geld in stand houdt, en zegt dat ze voor ons opkomt. Doordat de meesten van ons deze leugen gezamenlijk blijven geloven, denken we niet verder over oplossingen. Zo worden dus onze gedachten gecontroleerd. Misschien begrijp je nu een beetje wat ik bedoel met mind control?

De leugens worden mede in stand gehouden door onder andere de zogenaamde macht van overheid, het financiële systeem en de religies. Om dit nog eens goed te ondersteunen en eventueel bij te sturen, helpen de krant en de televisie ook mee aan de onbewuste programmering.

#wistjedat

De krant brengt de leugens in het land, dat is een grappig oud gezegde. Om de rol van de krant wat verder uit te leggen voor de leken onder ons, hier komt ie; De krant geeft ons, de mensen, ruimte om onze mening te uiten over onderwerpen die in de krant staan. De artikelen gekozen en gepresenteerd door de krant, laten zien wat er speelt in de wereld. Aan de vergadertafel waar de machtsstructuren bepaald zijn, geven bazen via aandeelhouders of eigenaren de makers van de krant aanwijzingen over wat zij vinden dat er 'moet spelen' in de wereld.

Het bepalen en zo dus controleren van de verhaallijn is heel simpel. Een krant is een bedrijf en heeft zoals elk bedrijf een management. Dit management is het bedrijf en bepaald dus alles wat er gebeurt in het bedrijf. Ze gebruiken alle medewerkers om de opdrachten van bovenaf uit te voeren of opgelegde doelstellingen te behalen. Het doorgeven van opdrachten aan de medewerkers gebeurt door middel van bijvoorbeeld een vergadering. Een vergadering met een thema of agendapunten. Die worden niet bepaald door de medewerkers maar door het management.

Ik kan me voorstellen dat verhaallijnen besproken worden op een vergadering om zo verder in het proces, de medewerkers van de krant de juiste artikelen te laten selecteren, passend bij wat er in de vergadering besproken is. Op die manier worden dus de juiste verhalen gekozen voor publicatie. En het gaat om de publicatie, want daarmee wordt de auteur, of zoals ze zichzelf soms noemen, journalist, betaald. In dit systeem kan het dus verleidelijk zijn om niet de gehele waarheid op te schrijven maar om iets te schrijven wat de krant bevalt. Dat is geen echte journalistiek maar een manier zodat je zelf ook de huur of hypotheek van je eigen bestaan kan blijven betalen. En wij blijven de leugens maar geloven en iedereen doet mee.

Ik neem aan dat iedereen na het lezen van deze uitleg van stappen begrijpt dat 'zij' kiezen welke verhalen 'wij' lezen.

Of andersom gezegd, wat de meerderheid van de mensen gelooft dat er speelt onder de bevolking in de wereld, wordt vooraf bepaald door een kleine groep mensen en dan gepresenteerd via bijvoorbeeld de krant.

Naast de krant is er ook televisie. Dit apparaat zendt letterlijk programma's uit. De kijker heeft vaak niet in de gaten dat het programma dat bekeken wordt, naast ontspanning ook nog een andere functie heeft.

Het televisieapparaat is speciaal ontwikkeld om jou als kijker onder lichte hypnose te brengen en zo te programmeren, met de vooraf bepaalde verhaallijn zoals eerder uitgelegd, over wat er speelt in de wereld of anders gezegd, onder de bevolking. Doordat televisiekijken valt onder ontspanning gaat dit rechtstreeks naar je onderbewustzijn. Het gebeurt op vele manieren. Eén methode wordt in het Engels predictive programming genoemd. Langzaam maar zeker wordt dan via je onderbewustzijn 'jouw' mening gevormd over wat er speelt in de wereld.

Tegenwoordig heeft internet met de computer en onze mobile telefoon de functie van het onbewust programmeren overgenomen van de televisie en krant. Internet heeft ook een goed kant, het heeft ons meer vrijheid van informatie gebracht, maar tegelijkertijd wordt er ook censuur gepleegd. Hoe dan? Simpel, wat ik je hier vertel is allemaal achtergehouden informatie. Deze informatie is dus nog niet echt toegankelijk en makkelijk verkrijgbaar, anders wist iedereen dit en accepteerden we het niet meer. Het is namelijk veel slecht nieuws en weinig vrolijkheid, wat ze ons laten zien.

Naast onze dagelijkse opvoeding worden we al van jongs af aan onbewust en zonder toestemming geprogrammeerd door alles wat er via de media, via telefoons en computers tot ons komt. De meeste informatie help niet mee aan ons welzijn, daar zijn de deskundigen het over eens.

Mind control is een programma waarmee de gedachten en acties van een individu of een groep kan worden gecontroleerd door een externe kracht. De externe kracht noemen we hier suggestie. Een goed voorbeeld is televis- iereclame. Een Coca Cola reclame, waar prachtige mensen op exotische manieren genieten van een heerlijke koude coca cola tijdens een hete zomerdag. Alleen het opschrijven van deze zin creëert al een beeld waar veel mensen 'een goed gevoel' bij krijgen, doordat het zo vaak herhaald is in reclames. Maar het is al- lemaal suggestie, waarbij wij soms aannemen dat het waar is. Je kan dus geloven dat Coca-Cola je dorst lest en dat het goed voor je is. Dat zou je kunnen zien als mind control. Het stopt ons vragen te stellen of zelf onderzoek te doen. Het resultaat daarvan is dat voor diegene die geen vragen stelt, alle eventuele nieuwe antwoorden en dus andere keuzes niet bestaan. Je kan zeggen dat je daardoor veel mist in dit leven. Het is namelijk verrukkelijk.

#opzijnkop

Pubertijd, alles uitproberen

In deze periode maak je kennis met de dingen die op
je pad komen en die je verdere leven gaan bepalen. Je
vindt uit wat je wel en niet leuk vindt. Wat goed, niet
goed of wellicht zelfs gevaarlijk voor je is. Het is dan
aan jou hoe je hier zelf mee omgaat.

In deze periode maak je ook keuzes over het verdere
verloop van je leven. Welke studie je gaat volgen,
welke vrienden je krijgt. Je maakt kennis met drank of
drugs. Al met al is het een roerige tijd.

Volwassen worden, het rollenspel wordt serieuzer

Je bent rustig klaar gestoomd. De meesten hebben
ondertussen een baan gevonden of zijn zelf een
bedrijf begonnen om in het levensonderhoud te
voorzien. Hierdoor pas je dus in de maatschappij of
het zogenaamde systeem. Je dient daarmee altijd je
baas, want daarvoor én daardoor ben je aangenomen
voor je functie. Zo is het bedacht en jij doet mee want
je kan niet anders.

Als ondernemer heb je meerdere opties. Om hierin
succesvol te zijn, moet je er wel tegen kunnen dat
de wereld niet eerlijk is. Er is namelijk geen recht,
alleen het recht van de rijkste of sterkste. De slimste
of eerlijkste wordt vaak oneerlijk behandeld, en haalt
het daardoor meestal niet tot de finish, de financiële
vrijheid die succes wordt genoemd.

Maar goed, welke carrière je ook kiest of hoe succesvol
je onderneming ook is, uiteindelijk kom ook jij
erachter dat materiële zaken geen voldoening
brengen en dat je niet echt blij wordt van bezittingen.

Het is allemaal maar tijdelijk geluk. Maar geen tijd,
je volgende afspraak is al gepland, en daardoor ga je
weer verder met wat je aan het doen bent, zonder echt
na te denken wat je nou aan het doen bent.

En belangrijker nog, waarvoor of voor wie? Ik heb het
hier namelijk wel over jouw leven.

Maar even serieus…

Wanneer ben je nou eigenlijk volwassen?

HOOFDSTUK DRIE

NIEMAND HEEFT
DE LEIDING
Wat gebeurt hier nou eigenlijk?

Laten we aannemen dat je ergens nieuw landde en
een nieuwe stam mensen ontdekte. Vanaf de eerste
ontmoeting waren deze mensen bang voor je en
geloofden ze alles wat je hen vertelde. Ze begonnen
te werken en te bouwen, alles wat je ze vroeg. Als er
iemand opstond tegen de leiding, nam je hem in je
team en maakte hem een leider van een project, of je
maakte hem zo bang dat hij verdween uit de groep.
Stel dat dit honderd jaar voortduurde, wat zou er dan
van die stam terecht zijn komen?

Als we dit voorbeeld nu eens meenemen naar de
wereld waarin we leven - een wereld waar, door alle
corruptie, het goede wordt beheerst door het kwade.
Stel dat wij het nageslacht zijn van die nieuwe stam
die toen ontdekt werd. Dan zijn 'wij' de mensen die
hier wonen, doen we ons best om gezond te leven en
proberen we er het beste van te maken.

Vanaf de andere kant, gezien door de ogen van de
heersers, is onze wereld voor hen slechts één groot
laboratorium, waar mensen een onderdeel van hun
experiment zijn. Als we blijven gehoorzamen in dat
experiment, als hun slaven, zal ons gedrag een
droevige uitkomst hebben voor de hele mensheid en
voor Moeder Aarde.

De gecontroleerde regeringen en geheime projecten
vergiftigen ons op alle niveaus. Dit betreft jij en ik, al
onze familie, geliefden, bekenden, enzovoort. Maar
ook degenen die de controle hebben en hun volgers
die de orders uitvoeren.

Onze heersers opereren vanuit een schaduwwereld
en zijn dus niet publiekelijk bekend. Hun agenda
gebruiken ze om hun op angst en leugens gebaseerde

programma's te pushen via de media en andere
propagandanetwerken, en ons zo mee te laten werken
aan hun ritueel.

Dat ritueel is dat wij blijven doen wat ons gezegd
wordt zonder zelf na te denken en op die manier
langzaam met zijn allen ten onder gaan. Het klinkt
hard, maar dat is de realiteit als er niks verandert. De
manier om eruit te komen, is wakker te worden en
te zien hoe het zit. Daardoor kan je andere keuzes
maken.

Het excuus 'ik ben er nog niet aan toe of ik ben te oud
voor deze onzin' is exact volgens het plan van onze
heersers. Zolang wij maar niet geloven dat wat ik hier
stel waar is, gaat het rustig door.

Bob Marley zong lang geleden in het liedje I shot the
sheriff: "Everyday the bucket goes to the well, one
day the bucket is full, and the bottom will drop out".
Dat is waar we met zijn allen zijn. Onze grenzen zijn
altijd getest, op een bepaald moment is het genoeg.
Als dit moment aangekomen is, zal het een soort van
bevrijding creëren die op waanzin zou kunnen lijken.
Waanzin is het licht dat de structuren van het geloof
doorbreekt, zodat controleprogramma's uit elkaar
beginnen te vallen en je echt kan zien wat er om je
heen gebeurt.

bron fallofman.eu/satanism

#opzijnkop

HOOFDSTUK VIER

Niemand praat over leugens

Hoe worden we gemanipuleerd?

Sommige mensen gebruiken de uitdrukking 'alles is een leugen'. Als we simpelweg kijken naar onze regering die nooit echt verantwoordelijkheid neemt, ons corrupte rechtssysteem, en al het geweld en negatieve nieuws in de media; het heeft allemaal een kern van waarheid, opgeblazen met leugens. Laten we daarom eens kijken wat dat nou eigenlijk betekent, en hoe het ons leven, en dus ook jóuw leven, beïnvloedt. Om maar bij het begin te beginnen: wat is een leugen?

Een leugen is een bewering waarvan wordt aangenomen dat deze onjuist is, en die doorgaans wordt gebruikt om iemand te misleiden. Dit is de bedoeling van degene die de leugen brengt. Gezien vanuit de ontvanger, geloof je dat wat gesteld is, waar is, en zo wordt je dus misleid.

Leugens kan je verdelen in twee soorten:

Een leugen kan een valse beschrijving zijn, dat wil zeggen: een totaal verzonnen verhaal.

Een leugen kan ook een valse ontkenning zijn. Op die manier liegen, is het ontkennen dat er dingen zijn gebeurd of zijn gezegd.

De oorzaak - waarom liegen mensen?

De meest voorkomende reden waarom mensen een leugen gebruiken, is de dringende noodzaak om de waarheid te verbergen.

Een leugen creëert verdeeldheid tussen mensen die het geloven en mensen die het niet geloven, met alle gevolgen van dien. En dat is nou precies de bedoeling van een leugen; voor verwarring zorgen.

Het effect - wat gebeurt er als er tegen ons wordt
gelogen?

Liegen laat ons twijfelen aan onze eigenwaarde. Het
creëert een gevoel van schuld en onbehagen in
onszelf. Dit gevoel kan mensen frustratie, angst,
paranoia, verdriet of zelfs klinische depressie geven.
Dit is misschien wel het ergste effect van liegen,
omdat het ons zelfbeeld in hoge mate belemmert.
Daarnaast vervormt het de manier waarop we onszelf
zien en behandelen.

Als we daardoor uiteindelijk het vertrouwen in onszelf
verliezen, wordt de kans groot dat we leugens blijven
gebruiken als ons verdedigingsmechanisme. Liegen
kan er ook voor zorgen dat we andere mensen en hun
capaciteiten onderschatten of juist overschatten.

Waarom vertelt de regering ons dan niet gewoon
eerlijk de waarheid? De reden hiervoor is dat wij als
bevolking makkelijker te controleren zijn als we de
waarheid niet kennen. Omgekeerd gezien; als wij
als bevolking hun echte agenda zouden weten, dan
stonden we op en accepteerden we dat niet.

Om dan nog een stapje verder te gaan; hoe helpt een
leugen onze regering?

Als een vraag naar waarheid onbeantwoord blijft,
heeft dit het hetzelfde effect als een leugen.

Een voorbeeld van een belangrijke onbeantwoorde
vraag: Wie heeft de macht over deze aarde? Niemand
van ons kan deze vraag echt beantwoorden. Dit komt
omdat 'zij,' de machthebbers, niet willen dat 'wij'

dit weten. Zonder dit antwoord is het voor ons als
mensen moeilijk om de verantwoordelijkheid voor
ons eigen leven te nemen. Er is namelijk geen
vertrouwen, want we weten niet echt wat nou ons
eigen leven is.

Om je een idee te geven hoe sterk een leugen kan zijn
als hij bewust bedacht en gedeeld wordt, is hier een
sterk voorbeeld: Het klimaat. Wij worden er telkens
van overtuigd dat het vernietigen van de aarde door
onszelf komt. De oplossingen van de klimaatcrisis
worden aangedragen door onze regering. Wat zou de
echte agenda zijn?

Ik ben het ermee eens dat we samen voor onze aarde
moeten zorgen. Maar de middelen waarmee onze
aarde verwoest worden, zijn in handen van dezelfde
mensen die ons de klimaatcrisis en het schuldgevoel
daarover aanpraten. We kunnen hier niet veel meer
aan doen dan gaan stemmen. Dat is met ons
stemrecht een partij kiezen die onze stem
vertegenwoordigd, om zo mee te helpen, als land
en maatschappij, om de aarde te beschermen, en
zo onszelf te redden en iets mooiers na te laten voor
onze kinderen.

Door deze gang van zaken is het dweilen met de kraan
open. Wij zijn aan het dweilen. En zij draaien de
kraan telkens wat verder open. Wat is nu de geheime
kracht van de leugens die ons regeren? Dat het hele
verhaal een leugen is. Hoezo dan? Op deze manier is
er namelijk geen democratie. Kijk simpelweg naar de
openbaar bewezen leugens en fouten van

bijvoorbeeld een minister-president, die in bijna alle gevallen zonder consequenties blijven.

Onze stem wordt dus helemaal niet gebruikt voor ons welzijn, want de plannen voor de agenda van onze overheid zijn al lang gereed en zakelijk beklonken. Dit is makkelijk na te zoeken, mocht je feitelijk bewijs willen zien voor wat ik hier vertel.

En wij als mensen, wat is onze rol hierin? Wij zijn ondertussen bezig om tegen onze vrienden en kennissen of ergens op het internet onze mening als de waarheid te verkondingen en waar nodig zelfs te verdedigen. Zo werken we zelf dus onbewust mee om dit hele verhaal, wat in werkelijkheid niet klopt, in stand te houden.

Wanneer stopt het? Zolang je de leugen gelooft, heeft het effect op jouw leven. Energetisch geef je ook je kracht weg, want waar je gedachten naar toe gaan, daar geef je je energie aan.In de kinderfilm Monsters inc. is dit goed uitgelegd. Ze laten het gewoon zien. Omdat je energie in een lage trilling is, loosh genaamd, wordt je daarmee een energetische lunch voor de schaduwen die ons
controleren. Als je openstaat voor hun leugens, kunnen ze je systeem via je gedachten binnendringen. Een andere benadering van de Archons is Wetiko, dat onder andere onze emoties manipuleert via andere mensen, zo onze kracht overneemt en deze energie gebruikt om zichzelf en hun bestaan in tact te houden. Ze opereren dus als onzichtbare schaduwen binnen onze wereld in het zogenaamde 'Wetiko' fenomeen. Ze gebruiken op trauma gebaseerde mind control en delen halve waarheden of complete leugens om je systeem binnen te dringen en hun werk te doen. Kortom, we leven in een waanwereld en zijn voedsel voor schaduwentiteiten. Maar wees gerust, het is niets nieuws wat ik je vertel. Het is wel belangrijk om te weten, zodat je jezelf er tegen kan beschermen of er beter mee om kan gaan. Niet om de wereld te veranderen, maar om jouw wereld een stukje beter te maken. Dus laten we verder gaan. Als alles een leugen is, welke contracten hebben we dan als mens?

HOOFDSTUK VIJF

NIEMAND IS VRIJ VAN CONTRACTEN

Hoe worden we gecontroleerd?

Als je al je wereldse bezittingen achter je laat, ben je vrij. Dit heet Moksha. Het is makkelijk gezegd maar niet zo eenvoudig om te doen. Dit komt omdat we leven in een wereld die is gebaseerd op contracten en afspraken. Je kan zeggen dat een contract een officiële vorm van een afspraak is. De contracten die je aangegaan bent, zijn een verbintenis of een verplichting jegens iemand. Dit betekent dat een persoon of bedrijf een deel van jouw tijd, oftewel jouw energie, bezit. Ik bedoel hiermee datgeen dat jij brengt in deze wereld, jouw energie. Het is voor jou niet makkelijk om eigen keuzes te maken, door alle contracten waar je al aan vast zit. Maar voor alles is een oplossing. Om dit een beetje beter te begrijpen, zullen we eerst eens kijken wat een contract eigenlijk is.

Contract: een juridisch afdwingbare overeenkomst die de wederzijdse rechten en verplichtingen tussen de partijen creëert, definieert en regelt.

Belangrijkste elementen voor een geldig contract:

1. Aanbieding
2. Acceptatie

Basisprincipes acceptatie

Uw aanvaarding moet het aanbod weerspiegelen. Dit betekent:

1. Om geldig te zijn en een bindend contract te vormen, moet de aanvaarding exact overeenkomen met het aanbod.
2. Aanvaarding moet worden medegedeeld aan de aanbieder.

Hoe werkt onze regering? Die komen met allerlei mandaten en voorstellen die als wetten en regelgeving gelden. Voorafgegaan door een verhaal in de media dat het ondersteunt. Dan zijn deze wetten voor ons ineens contracten. Contracten waar we ons aan moeten houden zonder dat we hier echt voor gekozen of om gevraagd hebben.

Via de media worden bijvoorbeeld berichten geplaatst die onze veiligheid in twijfel trekken. Zodat wij geloven dat we de nieuwe wetten nodig hebben om ons te beschermen en dus niet in opstand komen tegen de draconische maatregelen waar we regelmatig mee te maken hebben. Het lijkt wel mee te vallen, maar het probleem van er aan meedoen, is de latere psychologische schade.

Wat ik zie als het belangrijkste onderdeel waar de regering aan probeert te ontsnappen, is onze geïnformeerde toestemming. Ze gaan er van uit dat wij, omdat we niet reageren, toestemming geven. Maar wat is toestemming of aanvaarding?

Toestemming vindt plaats wanneer een persoon vrijwillig instemt met het voorstel of de wensen van een ander.

Geïnformeerde toestemming is een principe in de medische wereld en de medische wetgeving. Het houdt in dat een patiënt voldoende informatie moet hebben voordat hij zijn eigen vrije beslissingen neemt over zijn medische zorg. Het ontbreken van helder uitgelegde informatie, over de ingrediënten van het medicijn bij vaccinatieprogramma's, is een goed voorbeeld van hoe het dus niet hoort te gaan.
Een voorbeeld van een omgekeerde waarheid: in een

natuurlijke, biologische wereld zouden we
geïnformeerde toestemming moeten geven voor alles
wat we consumeren. Geen kleine lettertjes en
E-nummers maar gewoon helderheid over wat er in
producten zit. In een ideale wereld worden
chemische, giftige producten op geen enkele markt
aangeboden.

Dit grote probleem kan je veranderen voor jezelf. Je
kan een plaatselijke boer vragen wat hij verkoopt. Ook
zijn er al vele organische of bio-winkels waar je
producten kunt kopen met alleen organische
ingrediënten. Dat is gezonder voor ons lichaam. Het
is vaak duurder, maar als je wat creatief bent, kom je
erachter dat je bijna alle producten in de natuur kan
vinden of zelf in een klein tuintje kan laten groeien.
Alle informatie over hoe dit aan te pakken, is
makkelijk op YouTube te vinden. En het is nog leuk
om te doen ook!

Maar goed, stel dat dit één groot experiment is, dan
hebben ze nog steeds onze volledige toestemming
nodig voor alles wat ze ons voorstellen, voordat wij
ervoor kiezen om te contracteren.
Zonder toestemming brengen ze jou, mij en onze
medemensen, op alle niveaus in gevaar en dus schade
toe.

Het beschadigen van een mens is het overtreden van
de Natuurlijke Wet (Natural Law). Om dit misdrijf vast
te stellen, begint men met een
aansprakelijkheidsverklaring. Dat wil zeggen: de
ander bewust maken van zijn gedrag door hem
officieel, via een brief, aansprakelijk te stellen voor de
schade. Dit kan materiële schade zijn, maar het kan
ook in tijd uitgedrukt worden. Dit is een normaal

juridisch beginsel om aan te geven dat je het ergens
niet mee eens bent. Het klinkt niet ingewikkeld, maar
de realiteit is in deze periode van overgang vaak toch
nog anders, omdat we nog niet gewend zijn zo te
handelen.

#opzijnkop

Aangezien de medewerkers van de geheime agenda
aan beide kanten van de sluier werken, openbaar
en verborgen, geïnfiltreerd in alle niveaus van onze
maatschappij, is dit de wereld waarin wij leven. De
'Archons' regeerden lange tijd onze gedachten. Aan
deze tijd is nu een einde gekomen. Waarom? Omdat
de waarheid over de geheime genootschappen
bekend is. Hierdoor kunnen hun leugens ons als
mensheid niet meer in zijn geheel controleren.

#wistjedat

Hun periode van totale controle over de mensheid is dus voorbij en langzaam maar zeker worden wij wakker uit deze nachtmerrie en moeten zij op zoek naar ander voedsel, of anders zullen zij wellicht uitsterven. Het is zij of wij, zoals ik het bekijk. Nu de verandering in zicht komt, hebben we te maken met wat zij ons hebben nagelaten, of beter gezegd, na het jarenlang vernietigen van moeder aarde, wat er nog van over is.

De tijd is aangebroken waarin wij als mensheid op onze morele gronden gaan staan en onze verantwoordelijkheid nemen. Dit zal de rollen omdraaien, waar ter wereld je ook woont. Deze onvermijdelijke gebeurtenis zal onze getraumatiseerde wereld genezen van deze valse realiteit en de natuur weer in balans brengen.

We zien duidelijk dat een schaduwregering onze levens regeert. Laten we nu eens kijken naar wat 'schaduwen' werkelijk zijn en hoe je hiermee omgaat.

HOOFDSTUK ZES

Niemand praat over schaduwen

Wat zijn ze?

Lieve lezer, in dit hoofdstuk laat ik zien hoe onze
schaduwwereld, die we niet visueel kunnen
waarnemen, opereert. Dat is voor sommige mensen
een stap te ver. Je mag dit hoofdstuk ook overslaan.
Mocht je doorlezen; het wordt interessant. Laten we
het hebben over de Archons die via het Wetiko veld
opereren.

Wie zijn Archons en wat is hun rol? Archon betekent
'heerser' in het Grieks. Archons zijn verscholen in een
andere dimensie en je zou kunnen zeggen dat ze
opereren vanuit een soort schaduwwereld. Van
daaruit testen ze, met behulp van onze technologie,
zoals bijvoorbeeld computers, onze hersenen.
Gewoon om te experimenteren hoever ze kunnen
gaan met het op trauma gebaseerde mind control
programma.

#opzijnkop

Mind control, hoe houden ze onze gedachten onder controle?

De infectie van zo'n Archon entiteit begint met het verlagen van jouw vibratie door je uit balans te brengen. Dit wordt bereikt door middel van drugs, alcohol, porno en geneesmiddelen. Onze negatieve emoties, die ontstaan door onder andere angst, schaamte, schuld of haat, voeden de Archons. Angst is de meest voorkomende energie en heeft de voorkeur. Seksuele energie is hun tweede favoriet. Als je omgaat met mensen met een extreem karakter, met iemand die vaak verontrust is of vatbaar is voor woede of depressie, dan loop je een groot risico op gehechtheid aan negatieve of schaduwentiteiten.

Verslaving is de baas, niet alleen voor wat betreft alcohol of drugs, maar bijvoorbeeld ook masturbatie, lege seksuele relaties, pornografie, misbruik van je partner, het constant veroordelen van anderen, roddelen, het wensen van negatieve uitkomsten, gedachten over geweld, liefde voor geld en macht, het aanbidden van pop- of sportsterren, gokken, sociale media. Al deze verslavingen hebben in mindere of meerdere mate invloed op je welzijn.

Wie helpen de Archons?

In deze wereld, waar wij, energetisch' de valuta zijn, wordt geld gebruikt om onze tijd te beheersen en wordt onze geest persoonlijk beheerst, zoals hierboven uitgelegd. Zo sturen ze ons en op die manier creëren wij dit collectieve geheugen en dus deze wereld.

Wat het verschil is, is dat de machthebbers op aarde hun agenda dienen. Sommigen zouden zeggen dat deze machtsbeluste controllers Reptielen/Grijzen zijn. Dit is de rol gebaseerd op contracten die ze moeten uitspelen. Ze zijn volledig bezeten en hebben geen vrije wil meer. Ze leven gewoon een archonische agenda na en plaatsen ons zo in een energetische gevangenis zodat we voor hen voedsel zijn. Wij zijn al duizenden jaren onder invloed en, zoals zij het zien, hun bezit. Satanisme houdt dit geheim verborgen en dient de Demiurge, dezelfde leider als die van de Archons. Je kan satanisme zien als een geloof waar deze wereld en de wereld waarin we moeten leven samen gebracht worden. De keuze in de vrije wil wordt vaak vergeten of genegeerd, terwijl dit juist onze creatiekracht is. Als veel mensen 'nee' zeggen, gaat er wat veranderen.

Dus eigenlijk beheersen Archons onze schepping, wat
ons leven is, en opereren ze vanuit de schaduw. Ze
bedachten een systeem waardoor we voor alles
moesten betalen. Ze verzonnen wetten en leugens
om ons rollen te laten spelen en te laten voldoen aan
de keuzes die ze wilden dat we maakten. Het is niet
zo ingewikkeld. Laten we eens kijken hoe we kunnen
omgaan met deze verborgen tegenstander van de
mensheid en kijken hoe deze schaduwen handelen en
opereren.

HOOFDSTUK ZEVEN

NIEMAND BEHANDELD HANDLERS

Hoe werken ze?

Met of zonder ons medeweten zijn wij de controleurs
of begeleiders, of worden we gecontroleerd en
begeleid. In het vorige hoofdstuk had ik het over
schaduwen en hoe ze ons beheersen. Nu zal ik dit
uitleggen hoe dit werkt in onze menselijke wereld. Ik
zal het hebben over de tussenpersonen die zorgen dat
taken goed en volgens plan uitgevoerd worden. In het
Engels hebben een woord voor zo'n persoon:
Handler. Maar wat betekent dat eigenlijk?
Allereerst het woord 'handler'. Dit is een Engels woord
dat niet echt een Nederlandse vertaling heeft, dus ik
zal het proberen uit te leggen.

Handler - Een persoon of ding dat handelt.

- Een programmadeel dat de communicatie met, of de
besturing van een externe eenheid regelt.

(letterlijk) Iemand die iets voor iemand afhandelt.

(in combinatie) Iemand die een bepaalde persoon
begeleidt, zoals bijvoorbeeld een manager, leraar,
trainer.

Als voorbeeld: Een persoon die in dienst is van een
platenmaatschappij om een beroemdheid te
adviseren over wat hij of zij moet zeggen of doen,
zoals bij het vormgeven van zijn of haar publieke
imago, is een openbare handler. Britney Spears had
veel problemen met haar handler.

Laten we nu eens meer in onze eigen wereld kijken,
met de mensen, vrienden en familie waarmee we zelf
omringd zijn. Dat is niet allemaal rozengeur en
maneschijn. Ongezonde relaties komen overal voor

en bestaan op alle niveaus, van een verstoorde
familierelatie tot een machtsstrijd met je manager,
van een iets te ijverige politieagent op straat tot die
vreselijke buurman die altijd iets moet roepen om de
sfeer te bepalen. Dit is vaak narcistisch gedrag,
gebaseerd op (jeugd)trauma's.

Als dit opzettelijk, voor eigen gewin gebeurt door
mensen met een narcistische persoonlijkheid,
ondergaan de slachtoffers elke keer weer
psychologische martelingen en hebben ze vaak ook
te maken met het zogenaamde Stockholm Syndroom.
Door het Stockholm Syndroom, wat een sympathie
voor de dader creëert, krijg je een schuldgevoel
waardoor je niet helder kan denken en handelen.
Zo is het machtsspel verweven in de samenleving
en worden we dus dagelijks door meerdere mensen
geleid en begeleid.

Als het slachtoffer nooit uit deze rol komt, zal hij altijd
worden gecontroleerd of behandeld door de doener,
die dus niet echt dader is maar eigenlijk ook
slachtoffer.

Even terug naar het verhaal; dus op persoonlijk vlak
hebben we allemaal handlers die ons adviseren of
begeleiden. We doen dit zelf ook met anderen,
bijvoorbeeld als er om ons advies of standpunt
gevraagd wordt. Gezien vanuit goede bedoelingen is
dat een moment om kennis te delen en zo iemand
verder te helpen of te laten groeien in het leven.

Met slechte bedoelingen kan het gebruikt worden om
de uitkomst van misstanden in het verleden te
verbergen of om een geheime agenda in een groter

plan te dienen. Het lijkt allemaal ver van ons bed, maar omdat het via sturende gedachten of op energetisch niveau gebeurt, hebben we er bewust of onbewust dagelijks mee te maken. Het ontkennen laat het niet verdwijnen. Kennis is macht in deze.

Dus in het grotere plaatje zijn de Archons verantwoordelijk en houden ze ons, als onbewust gehypnotiseerde samenleving, in een lage vibratie door ons te voeden met angst-propaganda. Hierdoor blijven wij doen wat zij willen dat we doen. Dat heb ik eerder besproken in het hoofdstuk over leugens. Toch is er toekomst voor ons mensen. Zodra we namelijk in gaan zien dat dit gaande is, begint er een verandering in onszelf. Als we collectief op het punt zijn aangekomen dat wij stoppen onze kracht weg te geven door te geloven dat dit allemaal waar is, is de hele show voorbij.

Voordat je een ander kan healen moet je eerst jezelf healen :
Stop met jezelf te verloochenen! Zo werkt het mensen, voor spirituele leraren en genezers die niet zelf met healing zijn begonnen, zoals elke leraar de studenten zou moeten vertellen na de initiatie. Dan opereren ze vanuit het Ego en zijn dus in die passieve, neutrale denkwijze van de realiteit niet onder ogen willen zien omdat ze bang zijn om zichzelf onder ogen te zien. Als je jezelf niet bezit, komt er iets anders in jouw naam die het eigendom van je overneemt en jezelf tegen je gebruikt. En je zult het niet eens doorhebben, want je verloochent jezelf.

#opzijnkop

HOOFDSTUK ACHT

NIEMAND MAAKT
ONDERSCHEID

Bestaan verschillende realiteiten in een wereld?

Prachtige ziel, sta me toe om ons spirituele rijk op
te delen in licht en on-licht, zodat je verschillen kan
vergelijken en kan begrijpen hoe ik tot dit boek
gekomen ben. Om een ander perspectief op onze
wereld te geven, maak ik een onderscheid en gebruik
ik hiervoor de woorden; satanistisch en goddelijk. Als
twee verschillende kanten van dezelfde munt. Dit kan
je helpen inzien dat iedereen hier, dus jij ook, vanuit
je intentie een keuze hebt en dus kan kiezen in welke
realiteit je wilt leven of aan welke creatie jij je energie
wil geven.

satanistisch	goddelijk
Ik ben	Ik ben
haat is de basis	liefde is de basis
leugen	waarheid
mind-control (ego)	hart energie (voorbij het ego)
gebruiken manipulatie voor controle	hier om het leven te vieren
haten 'nutteloze' mensen	houden van menselijke relaties
gebruiken symbolen voor lage vibratie	gebruiken symbolen voor hoge vibratie
rituelen om contact te maken met de dood	rituelen om het leven te vieren
niets is heilig	alles is heilig
hier om zichzelf te dienen	hier om anderen te dienen
doe wat jij wil	Uw wil geschiede

HOOFDSTUK NEGEN

NIEMAND KENT DE REGELS

REGELS

Hoe ga je ermee om?

Alles is energie. Communicatie is het geven, ontvangen en delen van informatie. Het is belangrijk om de kunst van het gesprek te kennen, omdat we tijdens een gesprek contact maken met anderen. Informatie die via communicatie wordt gedeeld, bestaat uit drie onderdelen; 7% bestaat uit gesproken woorden, 55% van de informatie komt met lichaamstaal en 38% door toon van je stem.

Communicatie uitgelegd als energie

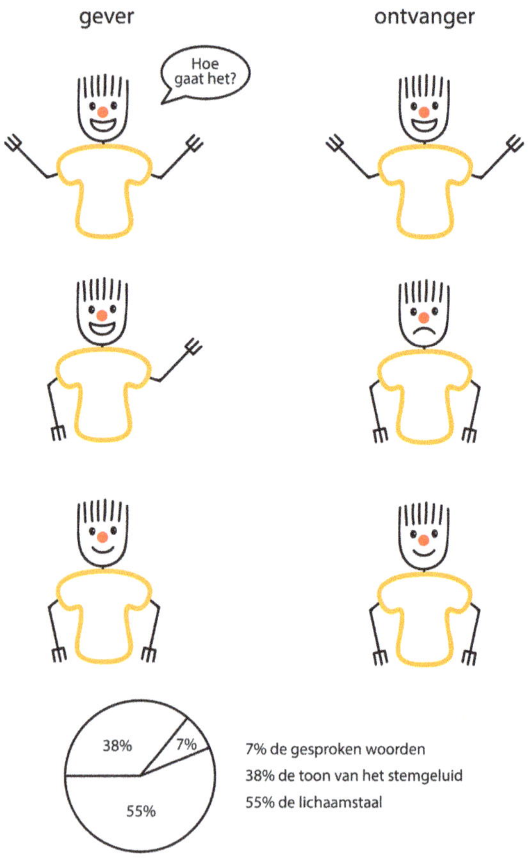

Gesprek is communicatie tussen mensen.

Een gesprek begint met een vraag, gevolgd door een antwoord. Nadat de vraag in een gelijkwaardig gesprek is beantwoord, kan de andere partij een vraag stellen. Zodra deze vraag is beantwoord, begint het opnieuw. Als men dit doorbreekt en in een langdradig of warrig antwoord meer vragen oproept, of gewoon jouw vraag met een vraag beantwoordt, is daar een reden voor. Door op dat moment, of door er later op terug te komen, dieper op het onderwerp in te gaan, kom je erachter of deze persoon interesse heeft in jou als vriend, of meer belangstelling heeft voor jouw energie.

#opzijnkop

Het is dus verstandig om hiermee om te leren gaan, zodat je bijvoorbeeld na een gesprek geen negatieve gedachten in de vorm van bijvoorbeeld een schuldgevoel, aangepraat door de ander, met je meeneemt.

Aan de andere kant is een gesprek een perfect instrument om energetische gelijkwaardigheid tussen alle deelnemers te brengen. Als je de regels kent en deze als etiquette in een gesprek gebruikt, getuigt het van autoriteit.

Stel vragen die bevestigen wat de ander heeft gezegd. Zodra de vraag is bevestigd, is er een eerlijke basis of verbinding, en vanaf daar gaat het gesprek een bepaalde richting in.
Door simpelweg een vraag te stellen over de waarheid, die door de ander verkondigd is, gewoon om te zien of het waar is wat er is gezegd, verandert de dynamiek, en je kunt er dan makkelijk uit opmaken wat de bedoeling van de ander is. Oefening baart kunst.

#wistjedat

Wie 'vragen stelt', is 'Koning'
Als je vragen stelt, dan heb je tenminste status. Omdat autoriteit allemaal werkt, handelt en zich gedraagt op een manier die impliciet instemmingsrecht wordt genoemd, zal de autoriteit in kwestie zich gedragen op een manier die suggereert dat jullie allemaal hebben ingestemd. En tenzij jij die toestemming afwijst, tenzij jij daarmee stopt, totdat jij zegt: 'Wacht even, ik geef geen toestemming, en ik stem hier niet mee in. Ik ben geen naam, ik beroep me op gewoonterecht. Als je wilt contracteren ga ik graag met je aan de slag. Mijn tarief is €900,- voor een uur. Hebben we een contract, ja of nee?'

Spontane lezing over de occulte rechtskunst door Alan of Salisbury

#opzijnkop

HOOFDSTUK TIEN

NIEMAND DOET

WAT HIJ ZEGT

Voeg de daad bij het woord

Vele jaren geleden, tijdens mijn periode van gekte of 'Satori', zoals ze dit in India noemen, stond ik op een plaatselijk, min of meer lokaal feestje op het eiland Ibiza. Ik keek naar alle mensen daar en dacht: hier zijn we dan op Ibiza, een spirituele universiteit in deze wereld, met al deze geweldige mensen, die bewust of gedwongen kozen weg te lopen uit het systeem of de samenleving, om dan een nieuwe, andere of betere versie van zichzelf te zijn. Eerlijk gezegd was ik niet onder de indruk. Wat ik toen niet zag, weet ik nu. Veel alcohol en drugs, verloren zielen, bezeten door schaduwen, verkleed als mensen. Ze deden alsof. De waarheid over mensen die doen alsof is dat tegen zichzelf liegen. Maar waarom? Het is toch de waarheid die ons zal bevrijden? De reden hiervoor is dat we allemaal via mind control programma's in een massahypnose leven.

Wetiko;
Het veld dat zich voedt met deze lage trillingsfrequenties wordt Wetiko genoemd. Je kan zeggen dat het ons als mensen stoort en vervolgens de reactie die het veroorzaakt tegen ons gebruikt. Het neemt onze levensenergie weg. Zonder te weten hoe het werkt, is het onontkoombaar vanwege de dynamiek van Wetiko in ons eigen energetische veld. Vanuit een positief perspectief gezien, is dit het hulpmiddel dat het universum of de goddelijke schepper gebruikt om onze hersenen en morele gronden te testen, gewoon om erachter te komen wie sterk genoeg is om aan deze geest te ontsnappen en contact te maken met de hartvibratie.

#opzijnkop

Stop met dingen te doen die je niet wilt doen. Heldere
communicatie staat hierbij centraal. Het effect is dat
je stopt met het spelen van de rollen die je welzijn niet
langer dienen. Het resultaat is dat je eerlijker bent
naar jezelf, ruimte hebt om nieuwe keuzes te maken
en je langzaam maar zeker beter gaat voelen.

#wistjedat

Alles gebeurt op het juiste moment. Dus als alles zo bedoeld is, heb dan vertrouwen wanneer je in een situatie komt waar een ander jouw grenzen overtreedt. Als jij je op dat moment sterkt voelt, is dit 'jouw tijd om verstandig te handelen' en jezelf en dus de mensheid te dienen. Hoe? Door op je morele grond te staan en te vragen: 'Waarom?' Met eerlijke bedoelingen begin je rustig naar de waarheid te vragen. De soms pijnlijke antwoorden kunnen een ander bevrijden, doordat ze dan iets leren over zichzelf of iets op kunnen lossen voor zichzelf. Het kan ook een soort van gerechtigheid brengen doordat simpelweg de waarheid op tafel komt. Dus rustig blijven en gewoon vragen 'waarom?', zal alle manipulatietechnieken breken, en jou weer de baas maken over jouw leven. Als je de techniek van het vragen beheerst, is het resultaat dat je totale controle hebt over de situatie, en dat voel je. Stel je nou eens voor hoe dit werkt zodra mensen die vibratie in zichzelf en anderen herkennen en hetzelfde willen. Dat is liefde, op volle kracht!

Niemand weet hoe het afloopt…

Even terug naar het begin. Als het een groot spel is, hoe loopt dat af? Net als met alle spellen komt er een einde aan. Omdat er een winnaar is of omdat de anderen niet meer meespelen. Dat is het moment dat het over is. De pionnen en het speelbord gaan terug in de doos en worden opgeborgen. Dan stoppen alle rollen en spelregels en gaan we weer verder met de orde van de dag en is iedereen weer gelijkwaardig. Het ging uiteindelijk niet om het winnen, maar om het meedoen. Ik hoop dat je, als het over is, met een gerust hart terugkijkt op deze interessante maar mooie periode en trots kan zijn op jezelf want jij hebt het toch maar gedaan!

Testing testing!

als je na het lezen van dit boekje voor de spiegel gaat
staan jezelf aankijkt en hardop zegt
"Niemand houdt van mij"

ben ik benieuwd wat er gebeurt...

"PROBEER DIT THUIS"
Om dit leerzame boekje af te sluiten,
Ik laat twee uitdagende suggesties voor je achter, om uit
je comfortzone te komen en tegelijkertijd de wereld een
beetje beter te maken.

"Een goede daad"

We kunnen het ego alleen overstijgen door middel van
dienstbaarheid. Speel het 'spel van goede bedoelingen'.
Doe iets positiefs voor een ander, gewoon voor de lol.

"Een dag zonder ..."
Speel met je limieten.
Leef een dag zonder...
bijvoorbeeld koffie, roken, telefoon, schoenen, slapen;
denk aan iets waar je normaal gesproken niet zonder
kunt.

WOOHOO NIEMAND IS GEBOREN!

Als je wil weten hoe deze prachtige baby opgroeit en hoe ze zich gaat bewegen in deze wereld, neem dan alvast een kijkje op onze website. Wellicht zie je wat grappigs waar je jezelf in herkent. Blog en Vlog waar liefhebbers van dit verhaal wat kunnen delen:

"Nobody want to be Famous"

waarin anderen leuke foto´s of korte videos kunnen plaatsen om mee te doen aan de

"Nobody of the Year Award!"

Nobody is an Act of Kindness

Blog waar verhalen van anderen geplaatst worden en natuurlijk, een belangrijke vraag die Niemand stelt.

Who is Ms. Nobody?

Of luister naar onze podcasts met leuke themas zoals: -
Niemand praat tegen zichzelf
- Niemand is Live & Direct
- Niemand ontmoet...

www.nobodyisdivine.com

Voor de dapperen onder ons, hier komt ie:

'Een goede daad'
Begin zelf, of met vrienden een lokale beweging
en breng een glimlach in jouw
wereld!
Speel de rol van 'Niemand'

Wat je nodig hebt:
- geel T-shirt
- rode clowns neus

Wat je kan doen:

Trek je gele T-shirt aan, zet je clowns neus op en ga
ergens tussen andere
mensen zitten en;

- beoefen de kunst van het niets doen
- interview anderen over leuke dingen in hun leven.
of vraag gewoon aan iemand nieuw in de groep;
Hoe kan ik je helpen?

Het leven gaat over geven en ontvangen.
Een goede daad is lang vergeten.
Even een Niemand zijn is genoeg om de sfeer te
veranderen in elke situatie waarin je je bevindt en het
tovert een glimlach op de gezichten van andere mensen.

Definitiepagina:

Archon =

Archons worden vaak vermeld in de Nag Hammadi geschriften als anorganische, roofzuchtige wezens die overleven door stervende scheppingen te consumeren. Ze hebben geen bronverbinding, zijn niet corrigeerbaar of veranderbaar en dringen de menselijke psyche binnen als een virusprogramma. Ze beschikken niet over een eigen intentionaliteit zoals de mens.

Demiurge =

Middelaar tussen god en lagere sferen 2) Scheppergod 3) Wereldbouwer 4) Wereldbouwmeester. Volgens de Gnosis; bovennatuurlijk, maar onzuiver wezen dat de aardse werkelijkheid schiep.

Moksha =

is de bevrijding van samsara, de cyclus van dood en wedergeboorte die afhankelijk is van karma.

Reptielen/Grijzen =

Sommige UFO-experts geloven dat grijze buitenaardse wezens een slavenras waren dat werd gecreëerd door de machtige Draco-reptielen. Het doel van de Grijzen was om de "negatieve energie" van andere rassen te oogsten. Naar verluidt kwamen de Grijzen echter in opstand en sloten ze bepaalde pacten met menselijke regeringen. De Grijzen zijn een verondersteld uitstervend ras en hebben mensen

nodig om hun hybride programma voort te zetten om
de levensduur van hun ras te verlengen.

Satori =

de ervaring van ontwaken ("verlichting") of begrip van
de ware aard van de werkelijkheid.

Solar plexus =

Het zonnevlecht chakra heet ook wel manipura chakra, solar
plexus of derde chakra. Het is gelegen boven in de buik en
het is de kern van onze persoonlijkheid, ons ego. Het derde
chakra is het middelpunt van wilskracht.

Stockholm Syndrome =

Het stockholm Syndroom is het psychologisch verschijnsel
dat soms optreedt tijdens een gijzeling. Het verschijnsel
houdt in dat de gegijzelde sympathie voor de gijzelnemer
krijgt.

Wetiko =

Volgens de Indianen is Wetiko een kwade geest die de
menselijke geest binnendringt. Het is het virus van het
egoïsme. Wetiko is een psychische ziekteverwekker die het
slachtoffer dwingt zijn onlesbare behoeften te stillen net
alsof hij van honger sterft. Het zorgt ervoor dat de mensheid
zijn eigen ergste vijand wordt.

Over de auteur

Hoe staat het met mijn leven?

Als bewustzijn met een menselijke ervaring ben ik
hier om mijn vrije wil te ervaren.
Als mens met een spirituele ervaring weet ik dat ik een
kind van de schepper ben, onderweg naar mijn
hoogste potentieel, altijd wil leren, om zo de beste
versie van mezelf te zijn en ook te laten zien.
Ook begrijp ik hoe ik mijn soevereine status kan
gebruiken. Als mens bezit niets of niemand mij. Vrij
van verplichtingen, zonder schulden en geen
contracten tegen mijn wil.

9 789083 270500